AF227142

27

Ln. 1725ſ.

27
Juin 1755

S<sup>t</sup> RENÉ

ÉVÊQUE D'ANGERS.

# ABRÉGÉ

## DE LA

# VIE DE S<sup>t</sup> RENÉ

### ÉVÊQUE D'ANGERS

## PAR L'ABBÉ RENÉ

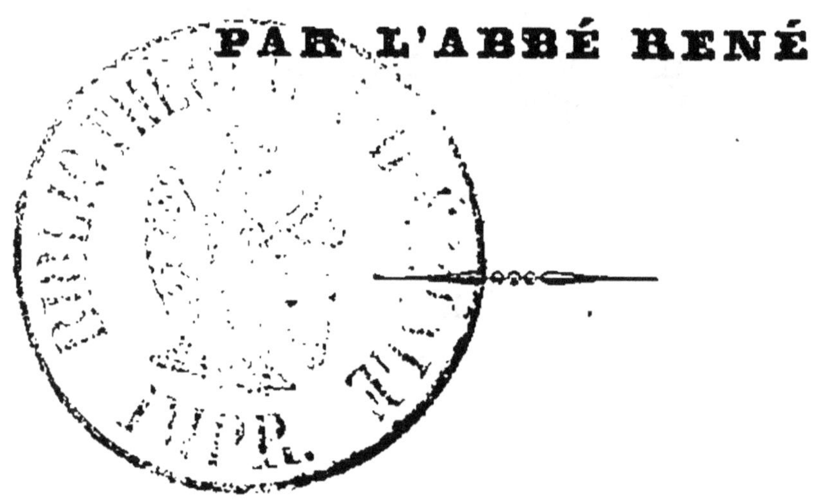



## PARIS

TYPOGRAPHIE DE M<sup>me</sup> SMITH

RUE FONTAINE-AU-ROI, 18.

—

1857.

# ABRÉGÉ

## DE LA

# VIE DE SAINT RENÉ

### ÉVÈQUE D'ANGERS

---

### SOMMAIRE.

Naissance de saint René. Sa résurrection miraculeuse par l'évêque saint Maurille. Son baptême. — L'origine de son nom. Sa pieuse éducation. — Il devient prêtre. — Après la mort de saint Maurille, il occupe le siège épiscopal d'Angers. — Vertus qu'il fait paraître pendant la durée de son épiscopat. — Il va à Rome visiter le tombeau des Apôtres. — Il se retire à Sorento, en Italie. — Il y mène la vie solitaire. — Il administre le diocèse de Sorento. — Sa mort. — Translation de son corps à Angers.

Le douzième jour de novembre, l'Église célèbre la fête de saint René, évêque d'Angers au cinquième siècle.

Saint René naquit au château de Posiac situé sur les bords de la Loire, à peu de distance de la ville d'Angers. Son père se nommait Honoré Chéotèdre et sa mère Bononie, tous deux illustres par leur noblesse, par leurs richesses et par leur piété. N'ayant pas encore eu d'enfants de leur mariage, ils se recommandèrent aux prières de saint Maurille, évêque d'Angers. Les prières et les jeûnes du saint évêque furent exaucés, et Honoré Chéotèdre et Bononie eurent un fils.

Saint Maurille était à l'autel où il offrait le divin sacrifice de la Messe lorsqu'on vint lui annoncer qu'on le priait de baptiser l'enfant de Honoré

Chéotèdre et de Bononie. L'évêque Maurille répondit qu'il le baptiserait lorsqu'il aurait offert le saint sacrifice de la Messe.

Dès que l'évêque fut rentré à la Sacristie, il demanda qu'on lui fît apporter l'enfant pour lui conférer le Sacrement de Baptême. Mais bientôt on lui annonça la mort de l'enfant qui avait cessé d'exister, pendant que saint Maurille offrait le saint sacrifice de la Messe.

L'évêque, profondément affligé d'être la cause que cet enfant mort sans Baptême, serait à jamais privé de la vue de Dieu et de la gloire du ciel, s'imposa un jeûne rigoureux. Il passa trois jours et trois nuits en prières et en veilles, sans boire ni manger, demandant à Dieu qu'il daignât rendre la vie à cet enfant; ne fût-ce que le temps nécessaire pour lui conférer le Sacrement de Baptême, et pouvoir ainsi lui ouvrir la porte du ciel.

Après trois jours et trois nuits passés en prières, ayant jeûné et versé des torrents de larmes, l'évêque Maurille fit assembler plusieurs chrétiens ; puis se prosternant avec eux auprès du corps de l'enfant que l'on avait retiré du cercueil, ils demandèrent tous ensemble à Dieu de ressusciter cet enfant, pour lui conférer le Sacrement de Baptême.

Tant de prières de la part de l'évêque et des fidèles furent enfin exaucées. Dieu le permettant, l'enfant revint à la vie. L'évêque Maurille le baptisa aussitôt, et lui donna le nom de René, qui veut dire né deux fois, à cause de cette seconde naissance ; puis il le remit à ses parents.

C'est le grand saint Grégoire, évêque de Tours qui nous a rapporté le récit de la vie et de la résurrection de saint René.

Dès ses plus jeunes années, l'évêque saint Maurille se chargea de son éducation, et sous la discipline du grand évêque le jeune René fit de si grands progrès dans la vertu, que chacun l'aimait et l'admirait, et il imitait tellement son illustre maître qu'on ne l'appelait que Maurille second.

Dès sa plus tendre enfance, le jeune René trouvait son bonheur à aller souvent se retirer seul, dans le temple du Seigneur, au pied de l'autel de Marie, ou à servir la Messe au saint évêque Maurille qui lui avait rendu la vie.

Si pendant son adolescence il avait été par sa piété et par ses ma-

nières douces et aimables, un modèle d'édification pour les jeunes
gens de son âge, on peut dire que
revêtu du caractère sacerdotal, il
fut un modèle des vertus ecclésias-
tiques. Car il n'avait d'autre but
comme il le disait lui-même, que de
travailler à procurer la gloire de Dieu
et le salut des âmes. Saint Maurille
lui avait fait entrevoir les obligations
si multipliées et si importantes de
celui qui aspire à la dignité du sa-
cerdoce, et ce ne fut qu'après l'avoir
éprouvé pendant plusieurs années
et même on peut dire depuis son
enfance, qu'il l'avait consacré prêtre.

Le prêtre René ayant été admis
dans le Clergé de l'Eglise d'Angers,
fit paraître de jour en jour de plus
grands exemples de vertu.

Plusieurs années après, l'Evêque
Maurille tomba dangereusement ma-

lade, et ayant eu révélation du jour de sa mort, il fit assembler les anciens de la ville d'Angers (suivant la coutume de ce temps là) autour de son lit; puis il leur adressa ces paroles : « Dieu m'a fait connaître que je dois bientôt quitter cette terre d'exil; avant de retourner à mon Dieu, je vous déclare que je ne connais point de prêtre plus digne de me succéder que le prêtre René. »

Ce choix de l'évêque saint Maurille fut approuvé par les anciens, et les suffrages du clergé et du peuple ayant été unanimes, après la mort de saint Maurille, saint René fut mis en possession du siége épiscopal d'Angers; c'était l'an de notre Seigneur 437; le Pape saint Sixte III occupait alors la chaire de saint Pierre.

Cette nouvelle dignité ne fit

qu'augmenter l'ardeur du zèle et de la charité de saint René. Il eut toutes les vertus que l'apôtre saint Paul exige d'un évêque selon le cœur de Dieu.

Saint René brilla sur le chandelier de cette Eglise, non seulement par sa grande sainteté et son excessive charité, mais encore par le don des miracles que Dieu lui avait accordé.

Par ses prières, il rendait la santé aux malades, il guérissait les lépreux, il chassait les démons des corps des possédés.

Malgré tous ces prodiges, saint René, avait de si humbles senti-ments de lui-même, qu'il voulait que l'on gardât le silence sur ces mer-veilles, et il disait qu'il fallait rap-porter à saint Maurille la gloire de tout le bien qui se faisait dans le Diocèse.

Après avoir pourvu prudemment à l'administration du diocèse, saint René résolut d'aller visiter le tombeau des apôtres à Rome. Puis, après avoir satisfait sa dévotion, il se retira à Sorento, en Italie, avec l'intention de vivre dans la solitude. Il y mena quelque temps la vie solitaire.

Mais bientôt le bruit de sa réputation s'étant répandu, on accourut vers lui de différents pays pour obtenir la guérison des malades, et en même temps il s'efforçait de procurer le salut des âmes par ses pieuses exhortations. Ensuite, du consentement unanime des habitants de ce pays, cédant à leurs instances, il se chargea du soin de gouverner le diocèse de Sorento.

Le pape saint Léon le Grand occupait alors la chaire de saint

Pierre; ce fut ce grand pape qui confirma son élection.

L'administration de saint René ne laissa rien à désirer. La gloire de Dieu et le salut des âmes étant l'unique but qu'il se proposait, il fit briller sur le siége de Sorento les mêmes vertus dont il avait illustré l'Eglise d'Angers.

Enfin, ayant prédit le jour de sa mort, il mourut, chargé de bonnes œuvres, le 12 du mois de novembre de l'année 465, allant recevoir dans le ciel la récompense de ses mérites et de ses vertus.

On lui fit de magnifiques funérailles et on l'enterra dans sa propre habitation. Les habitants construisirent une église sur son tombeau.

Cependant le clergé et le peuple d'Angers envoyèrent des députés pour demander le corps de leur pasteur. Les habitants de Sorento s'y opposèrent, mais les députés ayant réclamé la protection du Souverain Pontife, furent pleinement satisfaits.

Par ordonnance du Pape, les députés emportèrent le corps de saint René, et de peur qu'on s'y opposât de nouveau, le Pape leur donna une garde militaire pour les accompagner. C'est ainsi qu'eut lieu la translation du corps de saint René, que les habitants d'Angers reçurent avec une grande pompe; puis il fut placé dans une châsse pour être exposé à la vénération des fidèles.

Les miracles que saint René avait opérés pendant sa vie, et ceux qui s'opérèrent à son tombeau l'ont fait admettre au rang des saints.

# PRIÈRE.

O Dieu, qui avez rendu si miraculeusement la vie à saint René, et qui l'avez placé à la tête de votre troupeau, daignez, par l'intercession de ce grand Pontife, nous accorder la grâce de mériter un jour la vie éternelle. Ainsi soit-il.

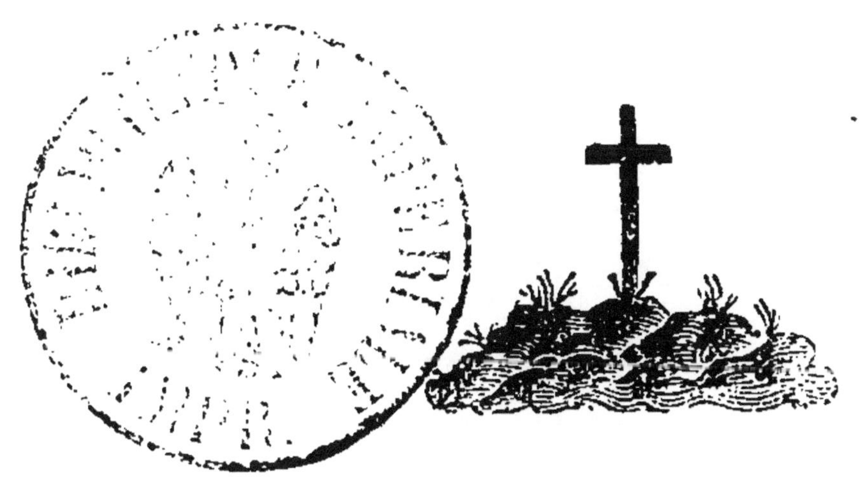

PARIS. — TYPOGRAPHIE DE M<sup>me</sup> SMITH.

www.ingramcontent.com/pod-product-compliance
Lightning Source LLC
Chambersburg PA
CBHW051220050726
47594CB00007B/3292